Lib 40 534

DISCOURS

SUR

LA LIBERTÉ DE LA PRESSE,

Prononcé à la société des Amis de la Constitution, le 11 Mai 1791,

Par Maximilien Robespierre, Député à l'Assemblée Nationale, & Membre de cette société.

MESSIEURS,

Après la faculté de penser, celle de communiquer ses pensées à ses semblables, est l'attribut le plus frappant qui distingue l'homme de la brute. Elle est tout-

A

1791.

à-la-fois le signe de la vocation immortelle de l'homme à l'état social, le lien, l'ame, l'instrument de la société, le moyen unique de la perfectionner, d'atteindre le degré de puissance, de lumières & de bonheur dont il est susceptible.

Qu'il les communique par la parole, par l'écriture ou par l'usage de cet art heureux qui a reculé si loin les bornes de son intelligence, & qui assure à chaque homme les moyens de s'entretenir avec le genre humain tout entier, le droit qu'il exerce est toujours le même, & la liberté de la presse ne peut être distinguée de la liberté de la parole; l'une & l'autre est sacrée comme la nature; elle est nécessaire comme la société même.

Par quelle fatalité les lois se sont-elles donc presque partout appliquées à la violer? C'est que les lois étoient l'ouvrage des despotes, & que la liberté de la presse est le plus redoutable fléau du despotisme. Comment expliquer en effet le prodige de plusieurs millions d'hommes opprimés par un seul, si ce n'est par la profonde ignorance & par la stupide léthargie où ils sont plongés? mais que tout homme qui a conservé le sentiment de sa dignité puisse dévoiler les vues perfides & la marche tortueuse de la tyrannie; qu'il puisse opposer sans cesse les droits de l'humanité aux attentats qui les violent, la souveraineté des peuples à leur avilissement & à leur misère; que l'innocence opprimée puisse faire entendre impunément sa voix redoutable & touchante, & la vérité rallier tous les esprits & tous les cœurs, aux noms sacrés de liberté & de patrie; alors l'ambition trouve partout des obstacles, & le despotisme est contraint de reculer à chaque pas ou de venir se briser contre la force invincible de l'opinion publique & de la volonté générale. Aussi voyez avec quelle artificieuse politique les despotes se sont ligués contre la liberté de parler & d'écrire; voyez le farouche inquisiteur la poursuivre au nom du ciel, & les Princes au nom des lois qu'ils ont faites eux-mêmes pour protéger leurs crimes. Secouons le joug des préjugés auxquels ils nous ont asservis, & apprenons d'eux à connoître tout le prix de la liberté de la presse.

Quelle doit en être la mesure ? un grand peuple, illustre par la conquête récente de la liberté, répond à cette question par son exemple.

Le droit de communiquer ses pensées, par la parole, par l'écriture ou par l'impression, *ne peut être gêné ni limité en aucune manière*; voilà les termes de la loi que les Etats-Unis d'Amérique ont faite sur la liberté de la presse, & j'avoue que je suis bien aise de pouvoir présenter mon opinion, sous de pareils auspices, à ceux qui auroient été tentés de la trouver extraordinaire ou exagérée.

La liberté de la presse doit être entière & indéfinie, ou elle n'existe pas. Je ne vois que deux moyens de la modifier, l'un d'en assujétir l'usage à de certaines restrictions & à de certaines formalités, l'autre d'en réprimer l'abus par des lois pénales; l'un & l'autre de ces deux objets exige la plus sérieuse attention.

D'abord il est évident que le premier est inadmissible, car chacun sait que les lois sont faites pour assurer à l'homme le libre développement de ses facultés, & non pour les enchaîner; que leur pouvoir se borne à défendre à chacun de nuire aux droits d'autrui, sans lui interdire l'exercice des siens. Il n'est plus nécessaire aujourd'hui de répondre à ceux qui voudroient donner des entraves à la presse, sous le prétexte de prévenir les abus qu'elle peut produire. Priver un homme des moyens que la nature & l'art ont mis en son pouvoir de communiquer ses sentimens & ses idées, pour empêcher qu'il n'en fasse un mauvais usage, ou bien enchaîner sa langue de peur qu'il ne calomnie, ou lier ses bras de

A 2

peur qu'il ne les tourne contre ses semblables, tout le monde voit que ce sont là des absurdités du même genre, que cette méthode est tout simplement le secret du despotisme qui, pour rendre les hommes sages & paisibles, ne connoît pas de meilleur moyen que d'en faire des instrumens passifs & de vils automates. Eh ! quelles seroient les formalités auxquelles vous soumettriez le droit de manifester ses pensées ? Défendrez-vous aux citoyens de posséder des presses, pour faire d'un bienfait commun à l'humanité entière, le patrimoine de quelques mercenaires ? donnerez-vous ou vendrez-vous aux uns le privilège exclusif de disserter périodiquement sur des objets de littérature, aux autres celui de parler de politique & des événemens publics ? Décréterez-vous que les hommes ne pourront donner l'essor à leurs opinions, si elles n'ont obtenu le passe-port d'un officier de police, ou qu'ils ne penseront qu'avec l'approbation d'un censeur, & par permission du gouvernement ? Tels sont en effet les chefs-d'œuvres qu'enfanta l'absurde manie de donner des lois à la presse : mais l'opinion publique & la volonté générale de la nation ont proscrit, depuis long-temps, ces infâmes usages. Je ne vois en ce genre qu'une idée qui semble avoir surnagé ; c'est celle de proscrire toute espèce d'écrit qui ne porteroit point le nom de l'auteur ou de l'imprimeur, & de rendre ceux-ci responsables; mais comme cette question est liée à la seconde partie de notre discussion, c'est-à-dire à la théorie des lois pénales sur la presse, elle se trouvera résolue par les principes que nous allons établir sur ce point.

Peut-on établir des peines contre ce qu'on appelle l'abus de la presse ? dans quels cas ces peines pourroient-elles avoir lieu ? Voilà de grandes questions qu'il faut résoudre, & peut-être la partie la plus importante de notre code constitutionnel.

La liberté d'écrire peut s'exercer sur deux objets, les choses & les personnes.

Le premier de ces objets renferme tout ce qui touche aux plus grands intérêts de l'homme & de la société, tels que la morale, la législation, la politique, la religion. Or les lois ne peuvent jamais punir aucun homme, pour avoir manifesté ses opinions sur toutes ces choses. C'est par la libre & mutuelle communication de ses pensées, que l'homme perfectionne ses facultés, s'éclaire sur ses droits, & s'élève au degré de vertu, de grandeur, de félicité, auquel la nature lui permet d'atteindre. Mais cette communication, comment peut-elle se faire, si ce n'est de la manière que la nature même l'a permise? Or c'est la nature même, qui veut que les pensées de chaque homme soient le résultat de son caractère & de son esprit, & c'est elle qui a créé cette prodigieuse diversité des esprits & des caractères. La liberté de publier son opinion ne peut donc être autre chose que la liberté de publier toutes les opinions contraires. Il faut, ou que vous lui donniez cette étendue, ou que vous trouviez le moyen de faire que la vérité sorte d'abord toute pure & toute nue de chaque tête humaine. Elle ne peut sortir que du combat de toutes les idées vraies ou fausses, absurdes ou raisonnables. C'est dans ce mélange, que la raison commune, la faculté donnée à l'homme de discerner le bien & le mal, s'exerce à choisir les unes, à rejeter les autres. Voulez-vous ôter à vos semblables l'usage de cette faculté, pour y substituer votre autorité particulière? Mais quelle main tracera la ligne de démarcation qui sépare l'erreur de la vérité? Si ceux qui font les lois, ou ceux qui les appliquent, étoient des êtres d'une intelligence supérieure à l'intelligence humaine, ils pourroient exercer cet empire sur les pensées: mais s'ils ne sont que des hommes, s'il est absurde que la raison d'un homme soit, pour ainsi-dire, souveraine de la raison de tous les autres hommes, toute loi pénale contre la manifestation des opinions n'est qu'une absurdité.

Elle renverse les premiers principes de la liberté civile, & les plus simples notions de l'ordre social. En effet, c'est un principe incontestable que la loi ne peut infliger aucune peine là où il ne peut y avoir un délit susceptible d'être caractérisé avec précision, & reconnu avec certitude ; sinon la destinée des citoyens est soumise aux jugemens arbitraires, & la liberté n'est plus. Les lois peuvent atteindre les actions criminelles, parce qu'elles consistent en faits sensibles, qui peuvent être clairement définis & constatés suivant des règles sûres & constantes : mais les les opinions ! leur caractère bon ou mauvais ne peut être déterminé que par des rapports plus ou moins compliqués avec des principes de raison, de justice, souvent même avec une foule de circonstances particulières. Me dénonce-t-on un vol, un meurtre ; j'ai l'idée d'un acte dont la définition est simple & fixée, j'interroge des témoins. Mais on me parle d'un écrit incendiaire, dangereux, séditieux ; qu'est-ce qu'un écrit incendiaire, dangereux, séditieux ? Ces qualifications peuvent-elles s'appliquer à celui qu'on me présente ? je vois naître ici une foule de questions qui seront abandonnées à toute l'incertitude des opinions ; je ne trouve plus ni fait, ni témoins, ni loi, ni juge ; je n'apperçois qu'une dénonciation vague, des argumens, des décisions arbitraires. L'un trouvera le crime dans la chose, l'autre dans l'intention, un troisième dans le style. Celui-ci méconnoîtra la vérité ; celui-là la condamnera en connoissance de cause ; un autre voudra punir la véhémence de son langage, le moment même qu'elle aura choisi pour faire entendre sa voix. Le même écrit qui paroîtra utile & sage à l'homme ardent & courageux, sera proscrit comme incendiaire par l'homme froid & pusillanime; l'esclave ou le despote ne verra qu'un extravagant ou un factieux où l'homme libre reconnoît un citoyen vertueux. Le même écrivain trouvera, suivant la différence des tems & des lieux, des éloges ou des persécutions, des statues ou un échafaud. Les hommes illustres, dont le génie a préparé cette glorieuse révolution, sont enfin placés, par nous, au rang des bienfaiteurs de l'humanité : qu'étoient-ils durant leur vie aux yeux des gouvernemens ? des novateurs dangereux, j'ai presque dit des rebelles. Est-il bien loin de nous le tems où les principes mêmes que nous avons consacrés auroient été condamnés comme des maximes criminelles par ces mêmes tribunaux que nous avons détruits ? Que dis-je ! aujourd'hui même, chacun de nous ne paroît-il pas un homme différent aux yeux des divers partis qui divisent l'Etat, & dans ces lieux mêmes, au moment où je parle, l'opinion que je propose ne paroît-elle pas aux uns un paradoxe, aux autres une vérité ? ne trouve-t-elle pas ici des applaudissemens, & là, presque des murmures ? Or, que deviendroit la liberté de la presse, si chacun ne pouvoit l'exercer qu'à peine de voir son repos & ses droits les plus sacrés livrés à tous les caprices, à tous les préjugés, à toutes les passions, à tous les intérêts !

Mais ce qu'il importe sur-tout de bien observer, c'est que toute peine décernée contre les écrits, sous le prétexte de réprimer l'abus de la presse, tourne entièrement au désavantage de la vérité & de la vertu, & au profit du vice, de l'erreur & du despotisme.

L'homme de génie qui révèle de grandes vérités à ses semblables, est celui qui a devancé l'opinion de son siècle : la nouveauté hardie de ses conceptions effarouche toujours leur foiblesse & leur ignorance ; toujours les préjugés se ligueront avec l'envie, pour le peindre sous des traits odieux ou ridicules. C'est pour cela précisément que le partage des grands hommes fut constamment l'ingratitude de leurs contemporains, & les hommages tardifs de la postérité ; c'est pour cela que la superstition jeta Galilée dans les fers & bannit Descartes de sa patrie. Quel sera donc le sort de ceux qui, inspirés par le génie de la liberté, viendront parler des droits & de la dignité de l'homme à des peuples qui les ignorent ? Ils alarment presqu'également & les tyrans qu'ils démasquent, & les esclaves qu'ils veulent éclairer. Avec quelle facilité les premiers n'abuseroient-ils pas de cette disposition des esprits, pour les persécuter au nom des lois! Rappelez-vous pourquoi, pour qui s'ouvroient, parmi vous, les cachots du despotisme ; contre qui étoit dirigé le glaive même des tribunaux. La persécution épargna-t-elle l'éloquent & vertueux philosophe de Genève ? il est mort ; une grande révolution laissoit, pour quelques momens du moins, respirer la vérité, vous lui avez décerné une statue ; vous avez honoré & secouru sa veuve au nom de la patrie ; je ne conclurai pas même de ces hommages, que, vivant & placé sur le théâtre où son génie devoit l'appeler, il n'essuyât pas au moins le reproche si banal d'homme morose & exagéré.

S'il est vrai que le courage des écrivains dévoués à la cause de la justice & de l'humanité, soit la terreur de l'intrigue & de l'ambition des hommes en autorité ; il faut bien que les lois contre la presse deviennent entre les mains de ces derniers une arme terrible contre la liberté. Mais tandis qu'ils poursuivront ses défenseurs, comme des perturbateurs de l'ordre public, & comme des ennemis de l'autorité légitime, vous les verrez caresser, encourager, soudoyer ces écrivains dangereux, ces vils professeurs de mensonge & de servitude, dont la funeste doctrine, empoisonnant dans sa source la félicité des siècles, perpétue sur la terre les lâches préjugés des peuples & la puissance monstrueuse des tyrans, les seuls dignes du titre de rebelles, puisqu'ils osent lever l'étendard contre la souveraineté des nations, & contre la puissance sacrée de la nature. Vous les verrez encore favoriser, de tout leur pouvoir, toutes ces productions licencieuses qui altèrent les principes de la morale, corrompent les mœurs, énervent le courage & détournent les peuples du soin de la chose publique, par l'appât des amusemens frivoles, ou par les charmes empoisonnés de la volupté. C'est ainsi que toute entrave mise à la liberté de la presse est entre leurs mains un moyen de diriger l'opinion publique au gré de leur intérêt personnel, & de fonder leur empire sur l'ignorance & sur la dépravation générale. La presse libre est la gardienne de la liberté; la presse gênée en est le fléau. Ce sont les précautions mêmes que vous prenez contre ses abus, qui les produisent presque tous; ce sont ces précautions qui vous en ôtent tous les heureux fruits, pour ne vous en laisser que les poisons. Ce sont ces entraves qui produisent ou une timidité servile, ou une audace extrême. Ce n'est que sous les auspices de la liberté que la raison s'exprime avec le courage & avec le calme qui la caractérisent. C'est à elles encore que sont dus les succès des écrits licencieux, parce que l'opinion y met un prix proportionné aux obstacles qu'ils ont franchis, & à la haine qu'inspire le despotisme qui veut maîtriser jusqu'à la pensée. Otez-lui ce mobile, elle les jugera avec une sévère impartialité, & les écrivains dont elle est la souveraine ne brigueront ses faveurs que par des travaux utiles : ou plutôt soyez libres ; avec la liberté viendront toutes les vertus, & les écrits que la presse mettra au jour, seront purs, graves & sains comme vos mœurs.

Mais pourquoi prendre tant de soin pour troubler l'ordre que la nature établissoit d'elle-même ? Ne voyez-vous pas que, par le cours nécessaire des choses, le tems amène la proscription de l'erreur & le triomphe de la vérité ? Laissez aux opinions bonnes ou mauvaises un essor également libre, puisque les premières seulement sont destinées à rester. Avez-vous plus de confiance dans l'autorité, dans la vertu de quelques hommes, intéressés à arrêter la marche de l'esprit humain, que dans la nature même ? elle seule a pourvu aux inconvéniens que vous redoutez ; ce sont les hommes qui les feront naître.

L'opinion publique, voilà le seul juge compétent des opinions privées, le seul censeur légitime des écrits. Si elle les approuve, de quel droit, vous, hommes en place, pouvez-vous les condamner ? si elle les condamne, quelle nécessité pour vous de les poursuivre ? si après les avoir d'abord improuvés, elle doit, éclairée par le tems & par la réflexion, les adopter tôt ou tard, pourquoi vous opposez-vous aux progrès des lumières ? comment osez-vous arrêter ce commerce de la pensée, que chaque homme a le droit d'entretenir avec tous les esprits, avec le genre humain tout entier ? L'empire de l'opinion publique sur les opinions particulières est doux, salutaire, naturel, irrésistible ; celui de l'autorité & de la force est nécessairement tyrannique, odieux, absurde, monstrueux.

A ces principes éternels, quels sophismes objectent les ennemis de la liberté ? la soumission aux lois : il ne faut point permettre d'écrire contre les lois.

Obéir aux lois est le devoir de tout citoyen : publier librement ses pensées sur les vices ou sur la bonté des lois, est le droit de tout homme & l'intérêt de la société entière ; c'est le plus digne & le plus salutaire usage que l'homme puisse faire de sa raison ; c'est le plus saint des devoirs que puisse remplir, envers les autres hommes, celui qui est doué des talens nécessaires pour les éclairer. Les lois, que sont-elles ? l'expression libre de la volonté générale, plus ou moins conforme aux droits & à l'intérêt des nations, selon le degré de conformité qu'elles ont aux lois éternelles de la raison, de la justice & de la nature. Chaque citoyen a sa part & son intérêt dans cette volonté générale; il peut donc, il doit même déployer tout ce qu'il a de lumières & d'énergie pour l'éclairer, pour la réformer, pour la perfectionner. Comme dans une société particulière, chaque associé a le droit d'engager ses co-associés à changer les conventions qu'ils ont faites, & les spéculations qu'ils ont adoptées pour la prospérité de leurs entreprises; ainsi, dans la grande société politique, chaque membre peut faire tout ce qui est en lui, pour déterminer les autres membres de la cité à adopter les dispositions qui lui paroissent les plus conformes à l'avantage commun.

S'il en est ainsi des lois qui émanent de la société elle-même, que faudra-t-il penser de celles qu'elle n'a point faites, de celles qui ne sont que la volonté de quelques hommes, & l'ouvrage du despotisme? C'est lui qui inventa cette maxime qu'on ose répéter encore aujourd'hui pour consacrer ses forfaits? Que dis-je? avant la révolution même, nous jouissions, jusqu'à un certain point, de la liberté de disserter & d'écrire sur les lois. Sûr de son empire, & plein de confiance dans ses forces, le despotisme n'osoit point contester ce droit à la philosophie, aussi ouvertement que ces modernes Machiavels, qui tremblent toujours de voir leur charlatanisme anticivique dévoilé par la liberté entière des opinions. Du moins faudra-t-il qu'ils conviennent que, si leurs principes avoient été suivis, les lois ne seroient encore, pour nous, que des chaînes destinées à attacher les nations au joug de quelques tyrans, & qu'au moment où je parle, nous n'aurions pas même le droit d'agiter cette question.

Mais, pour obtenir cette loi tant desirée contre la liberté, on présente l'idée que je viens de repousser, sous les termes les plus propres à réveiller les préjugés, & à inquiéter le

A 6

zèle pusillanime & peu éclairé : car, comme une pareille loi est nécessairement arbitraire dans l'exécution, comme la liberté des opinions est anéantie dès qu'elle n'existe point entière, il suffit aux ennemis de la liberté d'en obtenir une, quelle qu'elle soit. On vous parlera donc d'écrits qui excitent les peuples à la révolte, qui conseillent la désobéissance aux lois; on vous demandera une loi pénale pour ces écrits-là. Ne prenons point le change; & attachons-nous toujours à la chose, sans nous laisser séduire par les mots. Croyez-vous, d'abord, qu'un écrit plein de raison & d'énergie, qui démontreroit qu'une loi est funeste à la liberté & au salut public, ne produiroit pas une impression plus profonde que celui qui, dénué de force & de raison, ne contiendroit que des déclamations contre cette loi, ou le conseil de ne point la respecter ? Non sans doute. S'il est permis de décerner des peines contre ces derniers écrits, une raison plus impérieuse encore les provoqueroit donc contre les autres, & le résultat de ce système seroit, en dernière analyse, l'anéantissement de la liberté de la presse; car c'est le fond de la chose qui doit être le motif de la loi, & non les formes. Mais voyons les objets tels qu'ils sont, avec les yeux de la raison, & non avec ceux des préjugés que le despotisme a accrédités. Ne croyons pas que, dans un état libre, ni même dans aucun état, des écrits remuent si facilement les citoyens, & les portent à renverser un ordre de choses cimenté par l'habitude, par tous les rapports sociaux, & protégé par la force publique. En général, c'est par une action lente & progressive qu'ils influent sur la conduite des hommes. C'est le tems, c'est la raison qui détermine cette influence. Ou bien ils sont contraires à l'opinion & à l'intérêt du plus grand nombre, & alors ils sont impuissans; ils excitent même le blâme & le mépris publics, & tout reste calme : ou bien ils expriment le vœu général, & ne font qu'éveiller l'opinion publique, & alors qui oferoit les regarder comme des crimes ? Analyfez bien tous ces prétextes, toutes ces déclamations contre ce que quelques-uns appellent écrits incendiaires, & vous verrez qu'elles cachent le deffein de calomnier le peuple, pour l'opprimer & pour anéantir la liberté dont il eft le feul appui ; vous verrez qu'elles fuppofent d'une part une profonde ignorance des hommes, de l'autre un profond mépris de la partie de la nation la plus nombreufe & la moins corrompue.

Cependant, comme il faut abfolument un prétexte de foumettre la preffe aux pourfuites de l'autorité, on nous dit : Mais, fi un écrit a provoqué des délits, une émeute, par exemple, ne punira-t-on pas cet écrit ? Donnez-nous au moins une loi pour ce cas-là. Il eft facile, fans doute, de préfenter une hypothèfe particulière, capable d'effrayer l'imagination ; mais il faut voir la chofe fous des rapports plus étendus. Confidérez combien il feroit facile de rapporter une émeute, un délit quelconque, à un écrit qui n'en feroit cependant point la véritable caufe ; combien il eft difficile de diftinguer fi les événemens qui arrivent dans un tems poftérieur à la date d'un écrit en font véritablement l'effet ; comment, fous ce prétexte, il feroit facile aux hommes en autorité, de pourfuivre tous ceux qui auroient exercé avec énergie le droit de publier leur opinion fur la chofe publique, ou fur les hommes qui gouvernent. Obfervez, fur-tout, que, dans aucun cas, l'ordre focial ne peut être compromis par l'impunité d'un écrit qui auroit confeillé un délit.

Pour que cet écrit faffe quelque mal, il faut qu'il fe trouve un homme qui commette le délit. Or les peines que la loi prononce contre ce délit font un frein pour quiconque feroit tenté de s'en rendre coupable ; &, dans ce cas-là comme dans les autres, la fureté publique eft fuffifamment garantie, fans qu'il foit néceffaire de chercher une autre victime. Le but & la mefure des peines eft l'intérêt de la société. Par conséquent, s'il importe plus à la société de ne laisser aucun prétexte d'attenter arbitrairement à la liberté de la presse, que d'envelopper dans le châtiment du coupable un écrivain répréhensible, il faut renoncer à cet acte de rigueur, il faut jeter un voile sur toutes ces hypothèses extraordinaires qu'on se plaît à imaginer, pour conserver, dans toute son intégrité, un principe qui est la première base du bonheur social.

Cependant, s'il étoit prouvé d'ailleurs que l'auteur d'un semblable écrit fût complice, il faudroit le punir comme tel, de la peine infligée au crime dont il seroit question, mais non le poursuivre comme auteur d'un écrit, en vertu d'aucune loi sur la presse.

J'ai prouvé jusqu'ici que la liberté d'écrire sur les choses doit être illimitée : envisageons-la maintenant par rapport aux personnes.

Je distingue à cet égard les personnes publiques & les personnes privées ; & je me propose cette question : les écrits qui inculpent les personnes publiques, peuvent-ils être punis par les lois ? C'est l'intérêt général qui doit la décider. Pesons donc les avantages & les inconvéniens des deux systêmes contraires.

Une importante considération, & peut-être une raison décisive, se présente d'abord. Quel est le principal avantage, quel est le but essentiel de la liberté de la presse ? C'est de contenir l'ambition & le despotisme de ceux à qui le peuple a commis son autorité, en éveillant sans cesse son attention sur les atteintes qu'ils peuvent porter à ses droits. Or, si vous leur laissez le pouvoir de poursuivre, sous le prétexte de calomnie, ceux qui oseront blâmer leur conduite, n'est-il pas clair que ce frein devient absolument impuissant & nul ? Qui ne voit combien le combat est inégal entre un citoyen foible, isolé, & un adversaire armé des ressources immenses que donne un grand crédit & une grande autorité ? Qui voudra déplaire aux hommes puissans, pour servir le peuple, s'il faut qu'au sacrifice des avantages que présente leur faveur, & au danger de leurs persécutions secrètes, se joigne encore le malheur presqu'inévitable d'une condamnation ruineuse & humiliante ?

Mais, d'ailleurs, qui jugera les juges eux-mêmes ? car, enfin, il faut bien que leurs prévarications ou leurs erreurs ressortissent, comme celles des autres magistrats, au tribunal de la censure publique. Qui jugera le dernier jugement qui décidera ces contestations ? car il faut qu'il y en ait un qui soit le dernier; il faut bien aussi qu'il soit soumis à la liberté des opinions. Concluons qu'il faut toujours revenir au principe, que les citoyens doivent avoir la faculté de s'expliquer & d'écrire sur la conduite des hommes publics, sans être exposés à aucune condamnation légale.

Attendrai-je des preuves juridiques de la conjuration de Catilina, & n'oserai-je la dénoncer au moment où il faudroit déjà l'avoir étouffée ? Comment oserois-je dévoiler les desseins perfides de tous ces chefs de parti, qui s'apprêtent à déchirer le sein de la république, qui tous se couvrent du voile du bien public & de l'intérêt du peuple, & qui ne cherchent qu'à l'asservir & le vendre au despotisme ? Comment vous développerai-je la politique ténébreuse de Tibère ? Comment les avertirai-je que ces pompeux dehors de vertus dont il s'est tout-à-coup revêtu, ne cachent que le dessein de consommer plus sûrement cette terrible conspiration qu'il trame depuis long-temps contre le salut de Rome ? Eh ! devant quel tribunal voulez-vous que je lutte contre lui ? Sera-ce devant le Préteur ? mais s'il est enchaîné par la crainte, ou séduit par l'intérêt. Sera-ce devant les Ediles ? mais s'ils sont soumis à son autorité, s'ils sont à-la-fois ses esclaves & ses complices ? Sera-ce devant le Sénat ? mais si le sénat lui-même est trompé ou asservi ? Enfin, si le salut de la patrie exige que j'ouvre les yeux à mes concitoyens sur la conduite même du Sénat, du Préteur & des Ediles, qui jugera entr'eux & moi ?

Mais une autre raison sans réplique semble achever de mettre cette vérité dans tout son jour. Rendre les citoyens responsables de ce qu'ils peuvent écrire contre les personnes publiques, ce seroit nécessairement supposer qu'il ne leur seroit pas permis de les blâmer, sans pouvoir appuyer leurs inculpations par des preuves juridiques. Or, qui ne voit pas combien une pareille supposition répugne à la nature même de la chose, & aux premiers principes de l'intérêt social ? Qui ne sait combien il est difficile de se procurer de pareilles preuves; combien il est facile au contraire à ceux qui gouvernent, d'envelopper leurs projets ambitieux des voiles du mystère, de les couvrir même du prétexte spécieux du bien public ? N'est-ce pas même là la politique ordinaire des plus dangereux ennemis de la patrie ? Ainsi ce seroit ceux qu'il importeroit le plus de surveiller, qui échapperoient à la surveillance de leurs concitoyens. Tandis que l'on chercheroit les preuves exigées pour avertir de leurs funestes machinations, elles seroient déja exécutées, & l'Etat périroit avant que l'on eût osé dire qu'il étoit en péril. Non, dans tout état libre chaque citoyen est une sentinelle de la liberté, qui doit crier, au moindre bruit, à la moindre apparence du danger qui la menace. Tous les peuples qui l'ont connue n'ont-ils pas craint pour elle, jusqu'à l'ascendant même de la vertu ?

Aristide banni par l'ostracisme, n'accusoit pas cette jalousie ombrageuse qui l'envoyoit à un glorieux exil. Il n'eût point voulu que le peuple Athénien fût privé du pouvoir de lui faire une injustice. Il savoit que la même loi qui eût mis le magistrat vertueux à couvert d'une té-
méraire

méraire accufation, auroit protégé l'adroite tyrannie de la foule des magiftrats corrompus. Ce ne font pas ces hommes incorruptibles, qui n'ont d'autre paffion que celle de faire le bonheur & la gloire de leur patrie, qui redoutent l'expreffion publique des fentimens de leurs concitoyens. Ils fentent bien qu'il n'eft pas fi facile de perdre leur eftime, lorfqu'on peut oppofer à la calomnie une vie irréprochable & les preuves d'un zèle pur & défintéreffé; s'ils éprouvent quelquefois une perfécution paffagère, elle eft pour eux le fceau de leur gloire & le témoignage éclatant de leur vertu; ils fe repofent, avec une douce confiance, fur le fuffrage d'une confcience pure, & fur la force de la vérité qui leur ramène bientôt ceux de leurs concitoyens.

Qui font ceux qui déclament fans ceffe contre la licence de la preffe, & qui demandent des lois pour la captiver? Ce font ces perfonnages équivoques, dont la réputation éphémère, fondée fur les fuccès du charlatanifme, eft ébranlée par le moindre choc de la contradiction; ce font ceux qui, voulant à-la-fois plaire au peuple & fervir fes tyrans, combattus entre le defir de conferver la gloire acquife en défendant la caufe publique, & les honteux avantages que l'ambition peut obtenir en l'abandonnant, qui, fubftituant la fauffeté au courage, l'intrigue au génie, tous les petits manèges des cours aux grands refforts des révolutions, tremblent fans ceffe que la voix d'un homme libre vienne révéler le fecret de leur nullité ou de leur corruption, qui fentent que pour tromper ou pour afferir leur patrie, il faut, avant tout, réduire au filence les écrivains courageux qui peuvent la réveiller de fa funefte léthargie, à-peu-près comme on égorge les fentinelles avancées pour furprendre le camp ennemi; ce font tous ceux enfin qui veulent être impunément foibles, ignorans, traîtres ou corrompus. Je n'ai jamais ouï dire que Caton, traduit cent fois en juftice, ait poursuivi ses accusateurs; mais l'histoire m'apprend que les décemvirs à Rome firent des lois terribles contre les libelles.

C'est en effet uniquement aux hommes que je viens de peindre, qu'il appartient d'envisager avec effroi la liberté de la presse; car ce seroit une grande erreur de penser que dans un ordre de choses paisible où elle est solidement établie, toutes les réputations soient en proie au premier qui veut les détruire.

Que sous la verge du despotisme, où l'on est accoutumé à entendre traiter de libelles les justes réclamations de l'innocence outragée & les plaintes les plus modérées de l'humanité opprimée, un libelle même digne de ce nom soit adopté avec empressement & cru avec facilité, qui pourroit en être surpris? les crimes du despotisme & la corruption des mœurs rendent toutes les inculpations si vraisemblables! il est si naturel d'accueillir comme une vérité un écrit qui ne parvient à vous qu'en échappant aux inquisitions des tyrans! Mais sous le régime de la liberté, croyez-vous que l'opinion publique, accoutumée à la voir s'exercer en tout sens, décide en dernier ressort de l'honneur des citoyens, sur un seul écrit, sans peser ni les circonstances, ni les faits, ni le caractère de l'accusateur, ni celui de l'accusé. Elle juge en général & jugera sur-tout alors avec équité: souvent même les libelles seront des titres de gloire pour ceux qui en seront les objets, tandis que certains éloges ne seront à ses yeux qu'un opprobre: & en dernier résultat, la liberté de la presse ne sera que le fléau du vice & de l'imposture, & le triomphe de la vertu & de la vérité.

Le dirai-je enfin! ce sont nos préjugés, c'est notre corruption qui nous exagère les inconvéniens de ce système nécessaire. Chez un peuple où l'égoïsme a toujours régné, où ceux qui gouvernent, où la plupart des citoyens qui ont usurpé une espèce de considération ou de crédit, sont forcés à s'avouer intérieurement à eux-mêmes qu'ils ont besoin non seulement de l'indulgence, mais de la clémence publique, la liberté de la presse doit nécessairement inspirer une certaine terreur, & tout système qui tend à la gêner, trouve une foule de partisans qui ne manquent pas de le présenter sous les dehors spécieux du bon ordre & de l'intérêt public.

A qui appartient-il plus qu'à vous, législateurs, de triompher de ce préjugé fatal qui ruineroit & déshonoreroit à-la-fois votre ouvrage? Que tous ces libelles répandus autour de vous par les factions ennemies du peuple, ne soient point pour vous une raison de sacrifier aux circonstances du moment les principes éternels sur lesquels doit reposer la liberté des nations. Songez qu'une loi sur la presse n'arrêteroit point, ne répareroit point le mal, & vous enleveroit le remède. Laissez passer ce torrent fangeux, dont il ne restera bientôt plus aucune trace, pourvu que vous conserviez cette source immense & éternelle de lumières qui doit répandre sur le monde politique & moral la chaleur, la force, le bonheur & la vie. N'avez-vous pas déja remarqué que la plupart des dénonciations qui vous ont été faites, étoient dirigées, non contre ces écrits sacriléges où les droits de l'humanité sont attaqués, où la majesté du peuple est outragée, au nom des despotes par des esclaves lâchement audacieux; mais contre ceux que l'on accuse de défendre la cause de la liberté avec un zèle exagéré & irrespectueux envers les despotes? N'avez-vous pas remarqué qu'elles vous ont été faites par des hommes qui réclament amèrement contre des calomnies que la voix publique a mises au rang des vérités, & qui se taisent sur les blasphêmes séditieux que leurs partisans ne cessent de vomir contre la nation & contre ses représentans? Que tous mes concitoyens m'accusent & me punissent comme traître à la patrie, si jamais je vous dénonce aucun libelle, sans en excepter ceux où couvrant mon nom des plus infâmes calomnies, les ennemis de la révolution me désignent à la fureur des factieux comme l'une des victimes qu'elle doit frapper! Eh! que nous importent ces méprisables écrits? ou bien la nation françoise approuvera les efforts que nous avons faits pour assurer sa liberté, ou elle les condamnera. Dans le premier cas, les attaques de nos ennemis ne seront que ridicules; dans le second cas, nous aurons à expier le crime d'avoir pensé que les François étoient dignes d'être libres, & pour mon compte je me résigne volontiers à cette destinée.

Enfin faisons des loix, non pour un moment, mais pour les siècles; non pour nous, mais pour l'univers; montrons-nous dignes de fonder la liberté, en nous attachant invariablement à ce grand principe, qu'elle ne peut exister là où elle ne peut s'exercer avec une étendue illimitée sur la conduite de ceux que le peuple a armés de son autorité. Que devant lui disparoissent tous ces inconvéniens attachés aux plus excellentes institutions, tous ces sophismes inventés par l'orgueil & par la fourberie des tyrans. Il faut, vous disent-ils, mettre ceux qui gouvernent à l'abri de la calomnie; il importe au salut du peuple de maintenir le respect qui leur est dû. Ainsi auroient raisonné les Guises contre ceux qui auroient dénoncé les préparatifs de la Saint Barthelemi; ainsi raisonneront tous leurs pareils, parce qu'ils savent bien que tant qu'ils seront tout-puissans, les vérités qui leur déplaisent seront toujours des calomnies, parce qu'ils savent bien que ce respect superstitieux qu'ils réclament pour leurs fautes & pour leurs forfaits mêmes, leur assure le pouvoir de violer impunément celui qu'ils doivent à leur souverain, au peuple qui mérite sans doute autant d'égards que ses délégués & ses oppresseurs. Mais qui voudra à ce prix, osent-ils dire encore, qui voudra être roi, magistrat, qui voudra tenir les rênes du gouvernement? qui? les hommes vertueux, dignes d'aimer leur patrie & la véritable gloire, qui savent bien que le tribunal de l'opinion publique n'est redoutable qu'aux méchans. Qui encore ? les ambitieux mêmes. Eh ! plût à Dieu qu'il y eût sur la terre un moyen de leur faire perdre l'envie ou l'espoir de tromper ou d'asservir les peuples !

En deux mots, il faut ou renoncer à la liberté, ou consentir à la liberté indéfinie de la presse. A l'égard des personnes publiques, la question est décidée.

Il ne nous reste plus qu'à la considérer par rapport aux personnes privées. On voit que cette question se confond avec celle du meilleur système de législation sur la calomnie, soit verbale, soit écrite, & qu'ainsi elle n'est plus uniquement relative à la presse.

Il est juste sans doute que les particuliers attaqués par la calomnie puissent poursuivre la réparation du tort qu'elle leur a fait ; mais il est utile de faire quelques observations sur cet objet.

Il faut d'abord considérer que nos anciennes lois sur ce point sont exagérées, & que leur rigueur est le fruit évident de ce système tyrannique que nous avons développé, & de cette terreur excessive que l'opinion publique inspire au despotisme qui les a promulguées. Comme nous les envisageons avec plus de sang-froid, nous consentirons volontiers à modérer le code pénal qu'il nous a transmis ; il me semble du moins que la peine qui sera prononcée contre les auteurs d'une inculpation calomnieuse, doit se borner à la publicité du jugement qui la déclare telle, & à la réparation pécuniaire du dommage qu'elle aura causé à celui qui en étoit l'objet. On sent bien que je ne comprends pas dans cette classe le faux témoignage contre un accusé, parce que ce n'est point ici une simple calomnie, une simple offense envers un particulier ; c'est un mensonge fait à la loi pour perdre l'innocence, c'est un véritable crime public.

En général, quant aux calomnies ordinaires, il y a deux espèces de tribunaux pour les juger, celui des magistrats & celui de l'opinion publique. Le plus naturel, le plus équitable, le plus compétent, le plus puissant, c'est sans contredit le dernier; c'est celui qui sera préféré par les hommes les plus vertueux & les plus dignes de braver les attaques de la haine & de la méchanceté; car il est à remarquer qu'en général l'impuissance de la calomnie est en raison de la probité & de la vertu de celui qu'elle attaque; & que plus un homme a le droit d'appeler à l'opinion, moins il a besoin d'invoquer la protection du juge: il ne se déterminera donc pas facilement à faire retentir les tribunaux des injures qui lui auront été adressées, & il ne les occupera de ses plaintes que dans les occasions importantes où la calomnie sera liée à une trame coupable ourdie pour lui causer un grand mal, & capable de ruiner la réputation même la plus solidement affermie. Si l'on suit ce principe, il y aura moins de procès ridicules, moins de déclamations sur l'honneur, mais plus d'honneur, sur-tout plus d'honnêteté & de vertu.

Je borne ici mes réflexions sur cette troisième question, qui n'est pas le principal objet de cette discussion, & je vous propose de cimenter la première base de la liberté par le décret suivant.

L'Assemblée nationale déclare :

1°. Que tout homme a le droit de publier ses pensées, par quelques moyens que ce soit; & que la liberté de la presse, ne peut être gênée ni limitée en aucune manière.

2°. Que quiconque portera atteinte à ce droit doit être regardé comme ennemi de la liberté, & puni par la plus grande des peines, qui seront établies par l'Assemblée Nationale.

3°. Pourront néanmoins les particuliers qui auront été calomniés, se pourvoir pour obtenir la réparation du dommage que la calomnie leur aura causé, par les moyens que l'Assemblée nationale indiquera.

A PARIS, DE L'IMPRIMERIE NATIONALE.

www.ingramcontent.com/pod-product-compliance
Lightning Source LLC
Chambersburg PA
CBHW070453080426
42451CB00025B/2719